UTFORSKA INDONESIEN

Kulturell målarbok

ZenArt Editions

IND
ONE
SIA

BALI
TANAH LOT

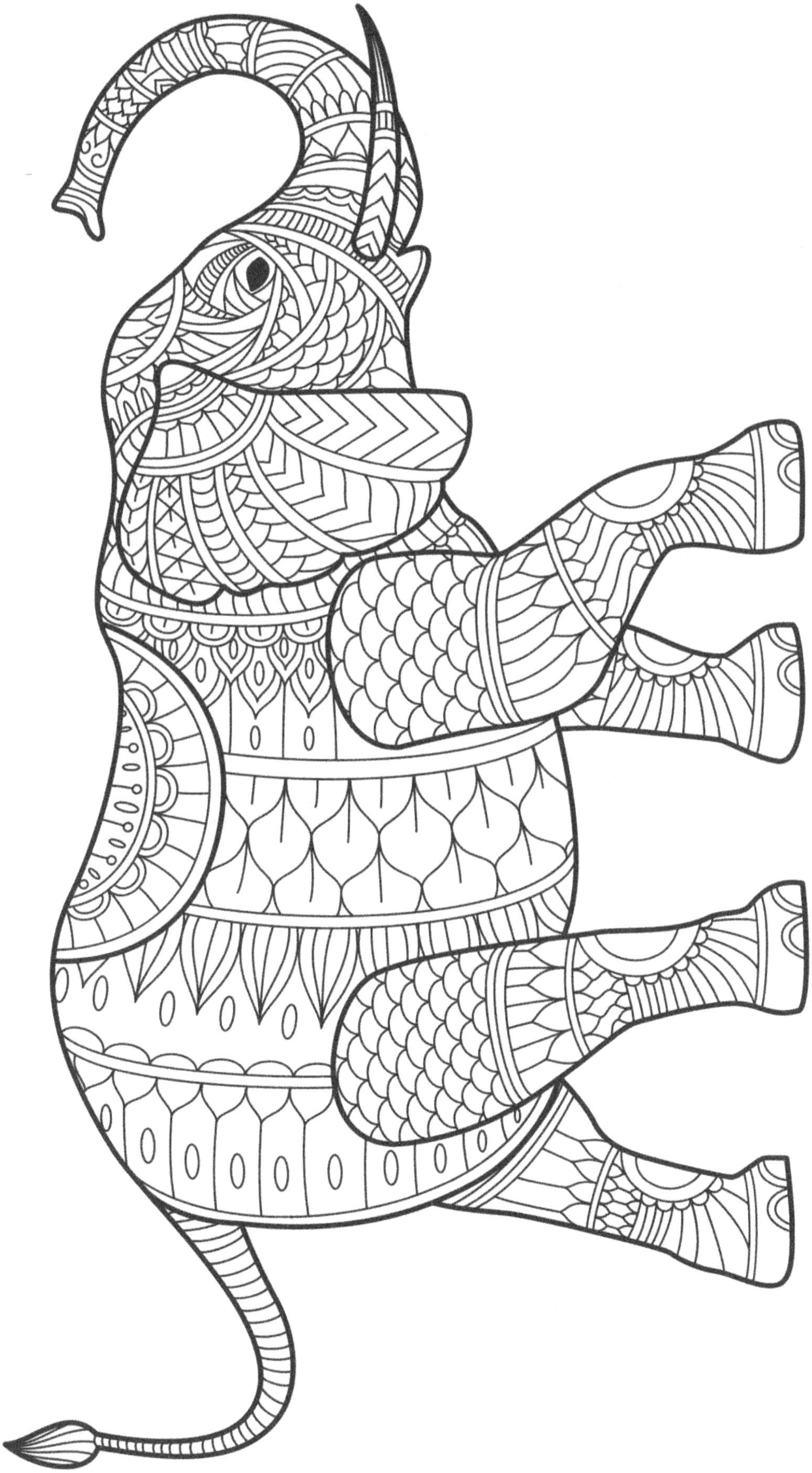

1881
BOGOR

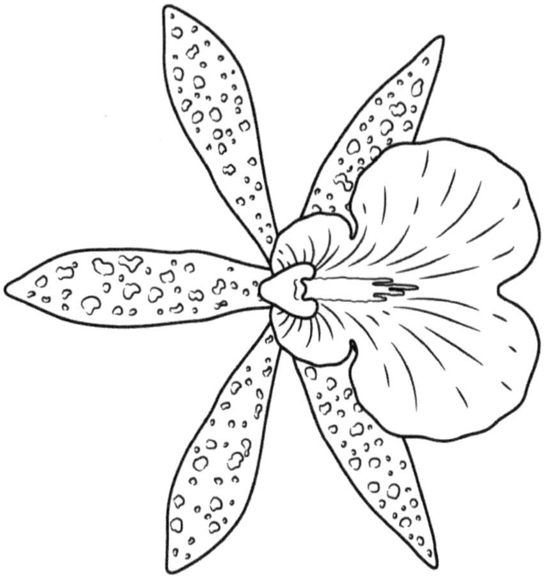
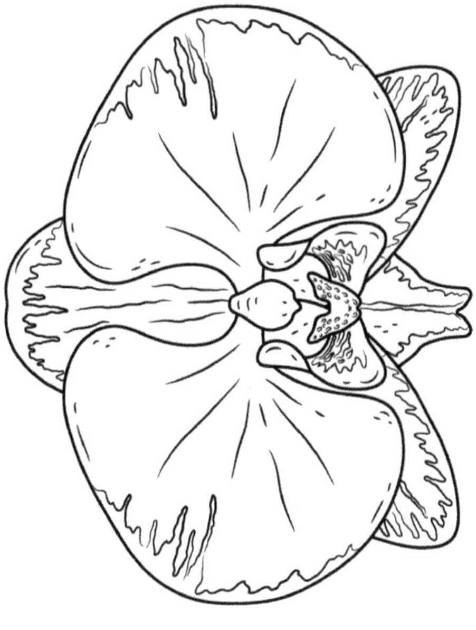

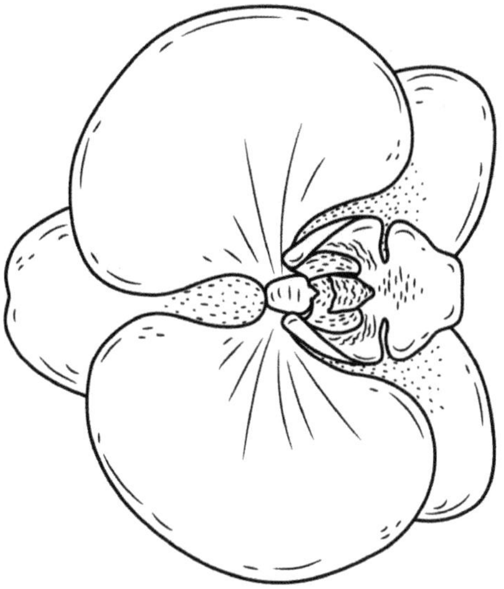

WELCOME
to
Bali

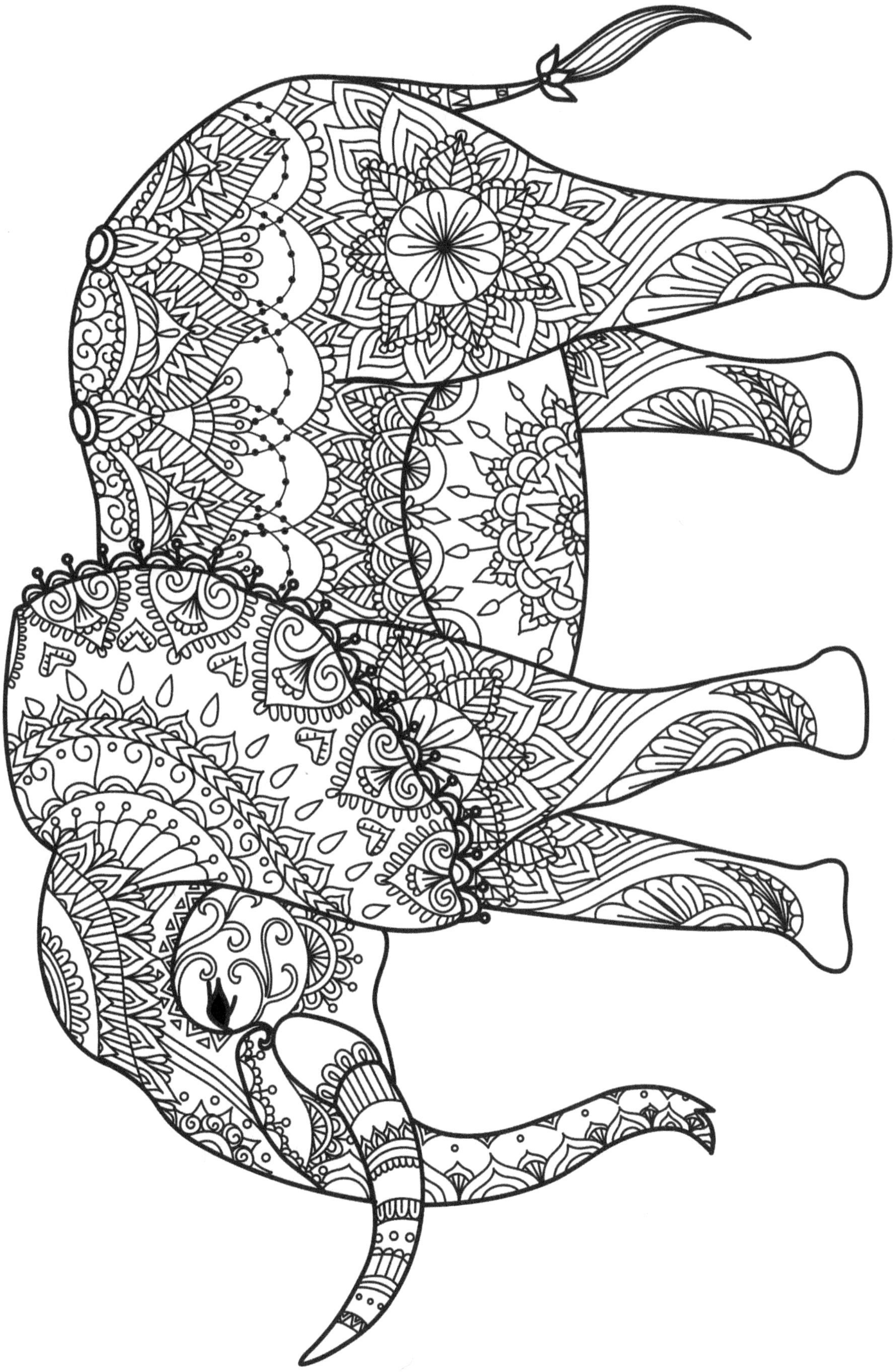

Bali

INDONESIA

CPSIA information can be obtained
at www.ICGtesting.com
Printed in the USA
LVHW060020260723
753096LV00007B/274

9 798211 118935